AF230599

ESSAI

SUR

LES ISLES

DE ZANTE,
DE CÉRIGO,
DE CÉRIGOTTO,
ET DES STROPHADES.

Composant le Département de la
Mer-Egée.

Par le Citoyen RULHIÈRE, envoyé par le Général
Bonaparte, après la paix de Campo-Formio (en Brumaire de l'an VI), en qualité de Commissaire pour
l'organisation provisoire de ce Département.

A PARIS,

Chez DESENNE, Libraire, Palais Egalité, n°. 2.

AN VIII.

TABLE

DES INDICATIONS.

Fin de la Table.

ESSAI

SUR

LES ISLES DE ZANTE, DE CÉRIGO, DE CÉRIGOTTO ET DES STROPHADES;

Composant le Département de la Mer-Egée.

LES possessions ci-devant vénitiennes du Levant, réunies à la république, par le traité de Campo-Formio, sont divisées en trois départemens, qui sont : les départemens de Corcyre, d'Ithaque et de la Mer-Egée.

Le premier comprend les îles de Corfou (1), de Merlère, de Fano, de Paxos, d'Antipaxos, et les établissemens de Butrinto (2) et de Parga sur le Continent.

----

(1) Isle des Phéaciens.

..... *Aërias Phæacum abscondimus arces.*

        Virg. Æneïd. livre 3.

Corcyre, du temps de César.

(2) ..... *Celsam Buthroti accedimus urbem.* Ibid.

A

Le second est formé par les îles de Céphalonie, d'Ithaque (1), de Calamo, de Castro,
de Sainte-Maure (2), de Méganissi, et les établissemens de Prévezza et Vonizza, sur le continent.

Les îles de Zante (3), de Cérigo (4), de Cérigotto (5) et celles des Strophades (6) compo-
posent le troisième.

C'est uniquement de ce dernier que nous
allons nous occuper.

Départe-
ment de la
Mer-Egée.

On nous a plus d'une fois témoigné de l'éton-
nement sur la dénomination de Mer-Egée que
portait ce département, lorsque l'île de Zante,
qui en est le chef-lieu, est située dans la Mer-
Ionienne et non dans la Mer-Egée. On en avait
fait l'observation au général Bonaparte, qui
nomma ces départemens ; et cette observation
était inutile. Le général Bonaparte savait bien

---

(1) . . . . *Scopulos Ithaca, Laërtia regna*

                Virg. Æneïd. Liv. 3.

(2) L'Eucade. . . . . . . *Leucata nimbosa cacumina montis. Ib.*

(3) Zacynthe . . . . . *Medio apparet fluctu nemorosa Za-
cynthos. Ibid.*

(4) L'ancienne Cythère.

(5) L'ancienne Egiale.

(6) . . . . . *Strophadum me littora primum
accipiunt. Ibid.*

dans quelle mer est l'île de Zante , et sans doute il était déterminé par quelques considérations politiques , que des circonstances plus heureuses eussent suffisamment justifiées

L'île de Zante, chef-lieu du département de la Mer-Egée , est située par le 36 d. 30 m. de latitude, et le 47 d. 56 m. de longitude, au couchant de la Morée , dont elle est éloignée d'environ trois myriamètres. Elle peut en avoir dix de circuit , ce qui lui donnerait à peu près sept myriamètres et demi quarrés de super-ficie (1).

Ile de Zante.

Elle est coupée, dans sa largeur , et du nord au sud, en deux parties inégales, dont l'une est de plaine et l'autre de montagnes. Des quarante-sept villages qu'elle renferme , la plus grande partie est bâtie sur le pied de la montagne, du côté qui regarde la ville , et sur des collines détachées. Une multitude de casins élégans entoure la ville. La campagne est riche et cultivée par-tout où elle peut l'être. L'oli-

____

(1) J'ai fait des efforts inutiles pour me procurer une bonne carte de l'île. Des hommes instruits de Zante m'ont assuré que celle qu'en donne Coronelli , dans sa description de la Morée , n'a rien qui lui ressemble , et que la moins inexacte est celle de *l'isolario* de Porcachi.

vier, le grenadier et l'oranger, dont la fleur s'épanouit au printemps, à côté du fruit de l'année précédente, couvrent la campagne toujours verte. Un climat égal et doux ; jamais d'hiver ; des chaleurs tempérées par la fraîcheur des nuits : tels sont les titres qui ont mérité à cette île la qualification *del fiore del Levante*, que lui donnent la Grèce et l'Italie.

Population. Il paraît que le véritable état de la population de l'île n'avait jamais été exactement connu à Zante, avant notre arrivée. Le relevé en a été fait sous nos yeux, et avec beaucoup de précaution ; et l'on sait maintenant qu'elle s'élève à trente-cinq mille ames environ ; l'on en compte dix-sept mille dans la ville, et le reste habite la campagne.

La Martinière, dans son dictionnaire géographique, fait monter celle de la ville seule entre vingt et vingt-cinq mille ames ; et cependant il n'est pas vraisemblable qu'elle ait diminué depuis l'époque à laquelle il écrivait. Il est certain, au contraire, qu'elle n'a pu que s'accroître par l'établissement de plus de deux cents familles moriottes, émigrées par suite du soulèvement que les Russes favorisèrent en Morée contre les Turcs, en 1772.

Agriculture C'est beaucoup plus à son active industrie

qu'à la qualité de son sol, que le Zantiote doit les productions qui l'enrichissent. La craie et le sable dominent presque par-tout dans la plaine, et ce n'est qu'au pied de la montagne, ainsi qu'entre les vallons, qu'on trouve de la bonne terre (1).

Les principales cultures de l'île sont celles de l'olivier, des vignes à raisin de Corinthe, et des vignes à vin.

De toutes les îles françaises du Levant, c'est Productions celle de Corfou qui produit la plus grande quantité d'huile ; mais le Corfiote abandonne ses oliviers à la nature, qui fait tout pour lui. Le Zantiote, au contraire, les soigne et laboure leurs pieds chaque année. Le Corfiote laisse au temps le soin de détacher les olives mûres, et va ramasser, dans la saison, celles qu'il trouve sous l'arbre. Le Zantiote fait mieux : il attend la maturité pour les cueillir.

---

(1) J'ai vu, dans les gorges étroites et rapides des montagnes, le cultivateur préparer des lits horizontaux de pierres menues, en laissant au temps le soin d'y former la terre végétale ; et afin que le voyageur ne détruise pas l'ouvrage de la nature, un sentier est pratiqué sur le côté. C'est là, sans doute, une prévoyance qui a peu d'exemples.

Cependant l'huile de Zante est toujours altérée par une saveur salée qui y domine, et voici à quoi elle tient. Le nombre des moulins à huile n'est pas en proportion avec la quantité d'olives qu'on recueille, et le cultivateur, qui est forcé d'attendre son tour pour les y porter, les conserve en les couvrant de sel.

La quantité d'huile y est annuellement de vingt à vingt-deux mille barils (1), dont le prix moyen est 40 francs 50 centimes.

La production la plus profitable au Zantiote est celle du raisin de Corinthe, puisqu'elle lui fournit seule assez de métaux pour acheter de l'étranger tout ce qui lui manque pour sa consommation journalière et celle de ses animaux, son vêtement, son ameublement ; puisqu'elle lui donne, en un mot, les moyens de se procurer tous les objets nécessaires à la vie.

C'est aussi cette culture qui attire particulièrement l'attention du propriétaire.

La récolte du raisin de Corinthe se fait ordinairement dans le milieu du mois de fructidor. Si elle est bonne, et se fait avec un beau temps,

____

(1) Le baril pèse soixante kilogrammes et quelque chose.

l'allégresse est générale, comme aussi un jour de pluie est alors une calamité publique.

Voici de quelle manière il se prépare. Il est étendu sur des aires bien nettes, où il demeure exposé au soleil, jusqu'à ce qu'il soit sec. Des ouvriers, toujours en nombre suffisant afin que cette opération ne languisse point, passent légèrement sur les aires de longs balais flexibles, pour détacher le grain de la rafle; et, lorsqu'il est à son véritable point de dessiccation, il est porté dans les magasins, où il est conservé jusqu'à ce que les étrangers viennent l'enlever pour leur consommation, ou pour le répandre dans le commerce.

On assure que la récolte s'en est quelquefois élevée jusqu'à cinq cent quatre-vingt-sept mille myriagrammes : elle est de deux cent quatre-vingt-treize mille, quantité moyenne prise sur dix années.

J'ai vu à Zante des cultivateurs éclairés, partagés sur le degré d'avantages respectifs que procurent à l'île l'huile et le raisin de Corinthe. Les partisans de l'olivier, tout en convenant des soins et des frais qu'il entraîne dans ses premières années, s'appuient sur le peu de culture qu'il exige, après qu'il est élevé. Les partisans du raisin de Corinthe répondent que si l'olivier demande peu de soins, il ne produit que de deux années l'une, et conséquemment ne donne que peu de travail au cultivateur; ce qui le rendrait nécessairement paresseux ou le forcerait à s'expatrier, pour chercher ailleurs du travail, si la culture de l'olivier venait à remplacer celle du raisin de Corinthe: ils ajoutent que l'étendue du terrain qu'il occupe, rend au propriétaire quatre fois moins qu'une pareille étendue de terrain planté en vignes de Corinthe.

Ces deux opinions ne sont point contradictoires, et me semblent aisées à concilier. Les différentes espèces de terrain ne sont pas également propres à l'une et à l'autre culture. Lorsque l'olivier n'occupera jamais un terrain qui pourrait être employé, avec succès, en blé, en vigne et en Corinthe, sa multiplication sera toujours à désirer, et son produit concourra, avec celui de la vigne de Corinthe, à la prospérité des habitans.

L'île ne produit que les vins nécessaires à sa consommation : on pourrait à peine en exporter cinq cents tonneaux dans les années abondantes. Ils n'ont pas la qualité de ceux d'Ithaque et de Céphalonie, mais ils ne sont pas sans mérite, et il y en a de beaucoup d'espèces.

La beauté du climat y favorise la culture de toutes les plantes qui croissent sous la zône tempérée ; et l'on ne doute pas que quelques-unes de celles que produit la zône torride, telles que la canne à sucre, le bananier et l'indigo ne puissent s'y naturaliser (1).

On y recueille du blé et des graines de toutes espèces, mais en quantité très-insuffisante aux besoins des habitans ; la Morée fournit, pour le reste de l'année, tout ce qui s'y en consomme, ainsi que la viande, le beurre, le fromage et presque généralement tout ce qui est nécessaire à la vie.

On y recueille aussi une petite quantité de coton et de lin. Le chanvre n'y a jamais été cultivé, et probablement la sécheresse des étés l'empêcherait d'y réussir.

Les légumes y sont très-bons, et l'on peut dire avec vérité que les jardiniers de Zante ne

____

(1) L'essai de la canne à sucre et de l'indigo fut fait, avec succès, à Zante, il y a une vingtaine d'années, d'après celui qu'en faisait, avec un égal succès, à Céphalonie, Marin Carburi, sous la direction de Baudry, américain français ; mais Carburi et Baudry furent assassinés, et cette culture fut abandonnée.

le cèdent point en intelligence à ceux des environs de nos grandes villes.

La pomme de terre y manque. Le citoyen Guys, notre dernier consul à Zante, l'y avait plantée, et ses essais prouvèrent qu'elle s'y naturaliserait facilement.

Les fruits qu'on y cultive y sont généralement bons. Le raisin, la figue et l'orange y sont d'une excellente qualité.

Le Zantiote n'a besoin que d'encouragement, pour se livrer aux travaux des manufactures et des arts.

Manufactures et Arts.

Le gouvernement Vénitien, qui avait accordé à la ville de Venise, nommée dans les actes publics, la dominante, le privilége exclusif de la fabrication du savon, la défendait à Zante, avec une sévérité extrême. Cependant, il en a toujours existé quelques petites manufactures, sous l'autorisation accordée par les provéditeurs de l'île, à ceux qui la leur achetaient, malgré les édits prohibitifs du sénat.

Il n'est pas douteux que cette branche d'industrie n'y réussisse, lors que le fabricant jouira pleinement de la liberté d'exportation.

Il y a des fabriques de tapis de crins, d'étoffes de soie, de toile de lin et de toile de coton; celles-ci sont des toiles de ménage. Les toiles de lin sont teintes en bleu, et servent à l'habillement des habitans de la campagne, pendant la belle saison : il n'est pas inutile de remarquer que la couleur bleue est celle qu'ils préfèrent.

On y file le coton d'une égalité et d'une finesse extraordinaires ; et c'est ce coton filé qu'on fait passer à Constantinople, pour y être employé comme trame, dans diverses étoffes de soie.

On le-file au fuseau ; c'est l'occupation principale de toutes les femmes, depuis les enfans de cinq à six ans, jusqu'aux plus vieilles.

Tout ce coton n'est pas du cru de Zante, qui n'en produit qu'une petite quantité. C'est de la Morée qu'on le tire.

Il y a, dans la montagne, une fabrique de cierges, dont les églises grecques, qui sont nombreuses dans l'île, font une grande consommation.

Je n'ajouterais pas qu'on y tanne aussi le cuir, si le premier procédé qu'on y emploie n'était remarquable, en ce qu'au lieu de faire sécher les peaux, ainsi qu'il est d'usage ailleurs, on les étend encore fraîches, au milieu des rues, où on les laisse exposées, sous les pieds des hommes et des animaux, jusqu'à ce qu'elles soient tout-à-fait sèches.

Ce procédé est simple, et demande peu de soins de la part de l'ouvrier; mais il est sale, et tel qu'une bonne police ne peut pas le tolérer plus long-temps dans une ville resserrée et populeuse, où la propreté des rues et la salubrité de l'air qui en est la suite, doivent fixer toute son attention.

Il est encore à Zante une autre branche d'industrie; c'est celle de la fabrication de ces petites chaînes d'or, connues en Italie, sous le nom de *Manini*. Elles sont finies avec une grande perfection. L'on en fait des chaînes de montre, des bracelets et des colliers.

Je le répète; il est certain que le Zantiote réussira dans les arts, s'il est encouragé, et lorsqu'une administration sage aura brisé les entraves que les lois du sénat Vénitien apportaient à son intelligente activité; et, pour citer un fait, entre plusieurs, qu'on y supprime la ferme de l'eau-de-vie, qui donne au seul fermier le droit de distiller, faire distiller, vendre et faire vendre toutes espèces d'eaux-de-vie et de liqueurs, et le Zantiote montera chez lui un alambic, pour faire de l'eau-de-vie avec son raisin de Corinthe, s'il y trouve de l'a-

vantage; et par suite, il se livrera à la fabrication des liqueurs, dans laquelle il pourra
égaler celles de Céphalonie.

Les revenus de l'île se composent du produit *Revenus.*
d'une douane de trois pour cent, sur tout
ce qui entre dans l'île, les grains et les
légumes exceptés ; d'un droit sur l'huile, les
grains, le vin, et quelques autres objets de
peu d'importance ; de la ferme de l'eau-de-vie
et de celle du tabac ; enfin, d'un droit sur le
raisin de Corinthe.

Les droits sur le raisin de Corinthe, sont,
à sa sortie, de huit thalaris et demi (1) par
cinquante-quatre myriagrames, pour les pays
étrangers, et de six et demi pour la France et
les républiques alliées ; et en outre, une douane
de six et demi pour cent, aussi à sa sortie (2).

____

(1) Le thalari vénitien est évalué à cinq francs
cinquante centimes ; il ne faut pas le confondre
avec le thaler impérial, qui vaut quatre à cinq
centimes de plus.

(2) Il faut observer que le raisin de Corinthe,
qui, en temps de paix, s'était vendu de vingt-
quatre à trente thalaris, était tombé, depuis la
guerre, au-dessous de quatorze et treize ; et
cependant, les droits étaient demeurés les
mêmes.

Le premier de ces droits est versé dans les mains d'un receveur préposé à cet effet, et rend annuellement de quarante-deux à quarante-trois mille thalaris ; le second est perçu par le fermier des douanes.

Tous les autres droits, y compris une ferme de tabac, sont abonnés en commun, à un fermier, moyennant une somme de 44,840 thalaris, qu'il est tenu de verser, par semestre, dans la caisse publique.

En prenant chacun de ces droits en particulier, on trouvera que l'abonnement de la douane proprement dite, monte à . . . . . 25,300 thalaris.

Celui de la dîme d'huile, à . . 10,558

Celui de la dîme des grains, à . 3020

Celui de la dîme du vin, à. . 700

Celui de la ferme de l'eau-de-vie, à. 1140

Et celui de la ferme du tabac, à 900

Je ne m'arrêterai pas ici sur les autres droits, dont l'abonnement est de peu de valeur ; mais je dirai encore un mot de ceux sur l'huile.

Indépendamment de la dîme, elle paie encore un droit à sa sortie. Ce droit était, à notre arrivée, pour les sujets natifs de l'île, chargeant pour Venise, de quatre et un quart pour cent ; pour les sujets non natifs, de cinq et demi ; et pour les non sujets ou étrangers, de sept et demi.

Pour favoriser les expéditions d'huile pour les ports de la république, il avait été arrêté, du consentement du fermier, qu'aux anciens droits, qui ne pouvaient plus subsister sous la même forme, il en serait substitué un seul de quinze pour cent, la dîme et le droit de sortie réunis, pour ceux qui chargeraient pour la France; et d'un pour cent de plus, pour ceux qui chargeraient pour les ports étrangers : ce supplément était versé dans la caisse publique, et non dans les mains du fermier.

Les droits dont il vient d'être question n'é-taient pas les seuls que payaient, depuis quel-ques années, l'huile et le raisin de Corinthe. La première de ces productions supportait, en outre, une imposition d'un quart de thalari par baril; et la seconde, un thalari par cin-quante-quatre myriagrammes. Voici quelle fut l'origine de cette imposition extraordinaire.

Le gouvernement vénitien avoit emprunté, peu de temps avant sa destruction, une somme de trente mille ducats (1) à divers

____

(1) Le ducat vénitien vaut 4 francs 25 c..

particuliers de Zante ; le remboursement de cette somme avait été, en même temps, affecté sur une imposition extraordinaire d'un quart de thalari par baril d'huile, et d'un thalari par cinquante-quatre myriagrammes de raisin de Corinthe, à leur sortie, avec la clause expresse que cette imposition cesserait, dès que le remboursement serait effectué.

Il était prêt à l'être, lorsque l'administration centrale s'occupa de cet objet de finances avec toute l'attention qu'il méritait, dans des circonstances rendues chaque jour plus difficiles par les besoins de la division. Elle eût désiré sans doute, de pouvoir déclarer la suppression d'une imposition aussi pesante pour les propriétaires, déjà trop chargés par les impositions ordinaires ; mais elle considéra l'embarras des finances dans ces départemens ; elle considéra qu'un arrêté du général Gentili, faisant alors les fonctions de commissaire-général du gouvernement, défendait la moindre altération dans les impositions existantes, jusqu'à l'arrivée du commissaire-général du directoire exécutif, et, par devoir, ainsi que pour mettre à couvert sa responsabilité, elle arrêta que cette imposition serait continuée, comme par le passé, mais que les sommes qui en proviendraient

demeureraient

demeureraient en dépôt jusqu'à la décision du commissaire-général du directoire.

Les biens reconnus jusqu'à ce jour propriétés nationales, se réduisent à des salines et quelques mauvaises maisons situées à la forteresse.

Les salines, dont la ferme rendait au gouvernement vénitien une somme annuelle de seize cents thalaris, n'ont rien produit à la république, parce que le fermier ayant perdu, depuis l'occupation de l'île par les Français, le droit qu'il avait d'y faire travailler par corvée les habitans de trois communes voisines, il se vit ainsi dans l'impossibilité de remplir un engagement qu'il n'avait contracté que sous une condition qu'on venait de rendre nulle.

Le sel qu'on en extrait ne suffit pas à la consommation de l'île.

Il existe à Zante une sorte de biens, connue sous le nom de *jus-patronatum* (1), dont le caractère distinctif est d'avoir été concédés, par le prince, à des particuliers, à des commu-

propriétés nationales.

Jus patronatum.

---

(1) Je les nomme *jus-patronatum* publics, pour les distinguer du droit de patronage privé, droit appartenant à des particuliers, et qui consiste à nommer l'officiateur d'une église dont ils sont propriétaires.

B

nautés religieuses, ou à des communes, moyennant, de leur part, l'obligation d'entretenir
l'église qui fait partie du bien concédé, avec
un papas (2) pour y faire l'office..

Ces *jus-patronatum* publics étaient originai-
rement des biens appartenant à des commu-
nautés religieuses, lesquels, en vertu d'un ancien droit des empereurs grecs, passaient dans
les mains du prince, lorsque le nombre des
religieux était réduit à moins de six.

Le nombre de ces *jus-patronatum* peut aller
entre quinze et vingt.

Ce n'est pas ici le lieu de rechercher si ces
biens sont légitimement ou illégitimement pos-
sédés ; je dirai seulement qu'on pourrait, sans
peine, les faire tourner véritablement au profit
de l'État, qui n'en a retiré, jusqu'ici, que
quelques rentes et cens de peu de valeur.

Total des
revenus.

Les sommes réunies de quarante-deux mille
thalaris, que produisent les droits sur le raisin
de Corinthe, et de quarante-quatre mille huit
cent quarante-six, que produisent les droits
affermés, forment un total de revenus de quatre-
vingt-six mille huit cent quarante-six thalaris;

____

(2) Les papas sont des prêtres grecs qui des-
servent les paroisses et les chapelles.

(19)

mais ces revenus peuvent facilement être amé-
liorés ; et l'on peut assurer que l'île de Zante,
devenue française, et jouissant de la liberté du
commerce, ne tarderait pas à rendre plus que
sous son ancien gouvernement, dont toutes
les institutions, loin d'encourager l'industrie,
tendaient au contraire à l'étouffer.

Je terminerai cet article par quelques observations que j'abandonne à la réflexion de ceux
qui pourraient un jour avoir l'administration
du département de la Mer-Egée.

1°. L'imposition territoriale est inconnue
dans les îles du Levant, et l'on ne doit pas
songer encore à l'y établir ; il faut attendre que
le temps et les lumières aient suffisamment préparé à cette opération.

2°. Il me paraît très-important de conserver
la ferme de la douane, avec les améliorations
qu'on pourrait y faire. Dans un pays trop
éloigné du gouvernement pour qu'il puisse
beaucoup compter sur des ressources étrangères
à lui-même, il faut des revenus fixes, et la
ferme les donne, quand souvent au contraire
la régie les absorbe.

3°. Enfin, il est indispensable de balancer
les droits de sortie sur l'huile à Zante, avec
ceux que cette même production paye à sa sor-

tie en Morée , attendu que celle-ci étant d'une qualité supérieure à celle de Zante, et ses droits étant de beaucoup moindres , cette branche de commerce , sans cette précaution , se trouverait tout au désavantage de Zante.

On ne remarque , dans l'ancienne administration des possessions ci-devant vénitiennes du Levant, rien autre chose qui leur ait été commun que la charge de provéditeur , qui était toujours remplie par un noble vénitien.

Dans l'île de Corfou , un bayle était chargé de la police et des subsistances : deux conseillers , aussi nobles vénitiens , et nommés ainsi que lui par le sénat , remplissaient avec lui les fonctions de tribunaux. Ce triumvirat portait le nom de régiment.

Le provéditeur de cette île avait l'administration des deniers publics , les affaires politiques et le commandement de la force armée.

Parga , sur le continent , était gouverné par un noble de Corfou ; mais avec des facultés très-limitées , sous le titre de gouverneur et capitaine ; il était sous la dépendance entière du provéditeur de Corfou.

L'île de Paxos était aussi sous la dépendance du même provéditeur, qui déléguait un habitant de la commune , avec le titre de capitaine : un

officier des troupes de ligne présidait à la tranquillité publique.

A Zante, ainsi qu'à Céphalonie, les provéditeurs faisaient à-la-fois les fonctions de bayle
et de provéditeur, et formaient avec les deux
conseillers, le régiment.

Dans l'île d'Ithaque, le gouverneur était un
noble de Céphalonie, dépendant entièrement
du provéditeur de cette dernière île.

Le provéditeur de l'île de Cérigo remplissait
seul les fonctions de bayle et celles de régiment.

Un provéditeur extraordinaire résidait dans
la forteresse de Sainte-Maure.

Enfin, le commandement de la mer et de la
province était confié à un provéditeur général,
investi d'une jurisdiction supérieure à celle des
autres agens du sénat. Tous les jugemens, soit
civils, soit criminels de ces derniers, pouvaient
lui être portés par appel. Il faisait seul des
réglemens et rendait des arrêts ; il avait, en un
mot, la faculté de prononcer seul, et sans le
concours d'aucun autre, sur toutes sortes de
matières.

Ce provéditeur était relevé, tous les trois
ans, ainsi que celui de Sainte-Maure : les autres
l'étaient tous les deux ans.

Dans chaque ville, les nobles s'assemblaient une fois par année, et nommaient, à la pluralité des voix, et parmi eux seuls, un certain nombre d'électeurs, qui, à leur tour, nommaient aux charges de la communauté. Ces nobles provinciaux étaient généralement dans les diverses fonctions qu'ils avaient à remplir, toujours les agens, et souvent les complices des vexations de leurs provéditeurs.

Tout le monde sait ce qu'on a dit des profits énormes que faisaient les provéditeurs, pendant la courte durée de leurs fonctions. Vendre la justice; ne point punir, afin que l'offensé ou les parens de l'assassiné se fissent justice par eux-mêmes, et se missent par-là dans la nécessité d'acheter à leur tour leur grâce, imposer le peuple en argent et en denrées; forcer les chefs des villages à recevoir une certaine somme pour la rendre à la fin de l'année, avec un intérêt de cinquante ou soixante pour cent; inviter à dîner, pour que les conviés laissassent sous leurs assiettes un billet au porteur de la valeur de quelques sequins, tels étaient les moyens ordinaires de faire ou de réparer sa fortune dans les îles du Levant. J'ai oublié le nom de cette provéditrice de Zante, qui se frottait les mains toutes les fois qu'elle entendait une dé-

charge de tromblon ; c'est que ce bruit annon-
çait un nouvel assassinat. Il n'y avait pas dans
l'île d'exécuteur de la justice ; et si l'on ne se
rappelait pas y avoir vu une exécution, ce
n'est pas qu'il n'y eût jamais de coupables ; c'est
que les gouvernans trouvaient leur compte à
ce qu'il y en eût toujours.

On professe à Zante les religions grecque, latine et juive. De la Religion.

La religion grecque est la populaire. La
latine était celle du gouvernement vénitien. La
juive y payait cher une protection qui ne lui
était que faiblement accordée.

Cette île, qui avait constamment suivi le
sort du continent de la Grèce, jusqu'à la division de l'Empire, devait conséquemment pro-
fesser le rit grec, qui était celui de la capitale.
Les Vénitiens, en en prenant possession, ne
pouvaient ni ne devaient tenter de substituer
leur religion à celle de ce peuple ; mais ils n'en
reconnurent pas de dominante ; ils se conten-
tèrent de lui laisser toute liberté, sans pourtant
se charger de l'entretien de ses ministres, qu'ils
abandonnèrent à la piété des fidèles.

La religion des Grecs consiste en pratiques
extérieures purement machinales. Les papas y
sont ignorans, pauvres, et pour la plupart

confondus avec la dernière classe du peuple ;
dont ils ont les habitudes et les mœurs.

Les Juifs qui, là comme ailleurs, sont séparés
du reste de la société, et presque tous misérables, étaient, sous le gouvernement vénitien,
sans cesse humiliés et vexés de toutes les ma-
nières. Les jours de la semaine sainte étaient
particulièrement pour eux des jours de deuil et
de dangers. Les Grecs les poursuivaient, les mal-
traitaient, violaient leur quartier, brisaient
leurs vîtres à coups de pierres ; et, le jour de
pâques, brûlaient solemnellement un manne-
quin sous l'effigie de l'un d'eux : malheur alors
à celui qui se fût trouvé présent ; il eût été in-
failliblement victime de la fureur de ces fanatiques.

Pendant notre séjour, la tranquillité ne fut
point troublée, grâces aux dispositions prises
par les autorités civiles et militaires.

De l'édu-
cation.
Il n'y a pas à Zante une seule maison d'éducation : l'enfance y est abandonnée à l'ignorance
des papas, qui lui donnent les premières leçons
de lecture. Il n'y avait pas dans les îles une seule
imprimerie à l'arrivée des Français (1). Et com-

____

(1) Le général Bonaparte, avant que de quitter
l'Italie, avait donné des ordres pour qu'il en fût

ment un gouvernement assez stupidement atroce pour persécuter un évêque de Céphalonie, parce qu'il avait eu chez lui une petite presse avec laquelle il avait essayé d'imprimer quelques lignes, comment ce gouvernement eût-il favorisé chez ses sujets la propagation des lumières?

C'était généralement à Bologne et à Padoue que la jeunesse qui se destinait à la médecine ou au barreau, allait faire ses études.

La république doit de la reconnaissance au citoyen Guys, père, associé de l'institut national, qui, même avant notre arrivée, avait ouvert chez lui une école française gratuite, et qui depuis consentit, malgré son âge et ses infirmités, à se charger de la direction de l'instruction publique à Zante.

Les soins de l'éducation seraient-ils infructueux chez un peuple pour qui la nature a tant fait, en le douant d'un tact fin, d'un sens droit, d'organes perfectionnés, qui vit sous un beau ciel et sous la plus heureuse température; chez un peuple toujours animé, toujours en action; dont le langage n'est pas tellement dégénéré, qu'il ne rappelle celui de Démosthènes, à qui

---

expédié une à chacun des départemens du Levant. Il en arriva deux à Corfou, qui se les appropria.

enfin les noms de Miltiade, de Thémistocle et
d'Epaminondas causent des transports de joie!

On trouve des talens dans les classes supé-
rieures de la société, et des dispositions dans
toutes.

Mais c'est particulièrement chez les femmes
que ces dispositions naturelles réclament l'éducation : leur ignorance est au comble. Condam-
nées, depuis l'âge de neuf à dix ans, à vivre
renfermées, elles n'apprennent rien. Eh ! qui
se chargerait de les instruire ? serait-ce leurs
mères ? Elles n'ont jamais rien appris. Serait-ce
les hommes ? Elles n'en voyent pas jusqu'au
jour de leur mariage ; et même après le mariage,
elles ne voyent que leurs maris et leurs proches
parens.

Avant que d'entretenir le lecteur des observations que j'ai pu recueillir, par moi-même,
sur le caractère et les mœurs du Zantiote, je
crois devoir mettre sous ses yeux quelques notes
faites sur le même sujet, par le citoyen Guys
père, qui, pendant un séjour de plusieurs années
dans la Grèce, et particulièrement à Zante,
été, plus que personne, à même d'étudier à
fond les peuples qui l'habitent.

« On trouve chez ces insulaires (les Zan-
» tiotes), en les considérant attentivement,

les talens et les vices ou défauts des anciens Grecs , ainsi que le caractère dominant sous un beau ciel et dans un climat tempéré.

» On observe, par rapport aux qualités locales, que dans les villages situés sur les hauteurs et les montagnes, les hommes, bien opposés à ceux qui habitent les lieux inférieurs, y sont, pour la plupart, adroits, agiles et même ingénieux ».

« Les Zamiotes, ainsi qu'autrefois, ne quittent point leur pays : ceux qui en sortent sont des vagabonds, tels qu'on les voit et les redoute à Smyrne , et il ne faut pas les juger d'après ces derniers (1).

» Ils sont , dans la même ville, divisés entre eux , et les habitans des deux extrémités sont des concitoyens éloignés, et souvent ennemis les uns des autres ».

---

(1) L'auteur de ces observations n'entend point parler ici de l'émigration annuelle qui se fait de cette en Morée pour la récolte des grains , lorsque les travaux de la campagne de l'île sont terminés : cette absence est ordinairement d'un mois. On évalue à quatre mille le nombre d'hommes qui font le voyage de la Morée, et chacun d'eux rapporte du grain pour sa consommation de trois à quatre mois.

« La manière de les gouverner fait des Zan-
» tiotes ce qu'ils doivent être ; ils se règlent en
» conséquence.

» On a remarqué qu'à l'arrivée d'un nou-
» veau provéditeur, on jouit, pendant un
» mois, de la plus grande tranquillité, parce
» que tous les yeux, devenus observateurs,
» sont fixés sur le chef, pour savoir s'il suivra
» ou non l'exemple de son prédécesseur; et si
» l'on voit qu'il prend aussi de l'argent pour
» absoudre, on continue à faire de même
» qu'avant, parce qu'on sait à quoi s'en tenir.

» Un voyageur anglais, après avoir fait ici
» un assez long séjour, disait des Zantiotes
» qu'ils étaient des enfans mal élevés et qui
» n'ont point de pères. Il était, ajoutait-il,
» frappé d'un prodige étonnant, et c'était de
» trouver à Zante une propriété. L'existence
» du mot était encore, selon lui, un autre
» prodige.»

» On est plus tranquille à la campagne qu'à
» la ville, parce qu'on y est généralement plus
» occupé. »

» A la ville et à la campagne, la dernière
» classe du peuple est ignorante, telle qu'un
» troupeau qu'il faut conduire et qui suit celui
» qui le mène. »

» Ces ignorans, qui ne connaissent de leur religion que les pratiques extérieures, sont pourtant, en fait de religion et de la conservation de leurs temples, des fanatiques. »

J'ai observé avec attention, le caractère et les mœurs du Zantiote, et ce n'a point été par un simple motif de curiosité ; j'en avais un plus pressant. Je sentais le besoin de bien connaître un peuple dont je venais partager l'administration, et mes rapports habituels avec les citoyens de tous les états m'en fournissaient les moyens.

Il est, dans la physionomie morale du Zantiote, un trait dominant et qui frappe à la première vue : c'est un composé de qualités qu'il tient de la nature, et de vices que lui a inoculés un gouvernement plus corrupteur encore qu'il n'était corrompu.

Voyez-le dans les fêtes ; il y est d'une gaieté franche et animée. Sa physionomie exprime un plaisir vivement senti ; il chante, danse et ne s'en lasse jamais. Entrez dans son intérieur ; et il est à son aise, s'il est assuré, en vous voyant, que vous n'êtes plus pour lui ce maître orgueilleux et dur qu'il nommait provéditeur, il vous accueille, est généreux et cordial. Suivez-le maintenant dans les affaires, il y est sombre, dissimulé, menteur, cauteleux, et n'a qu'un sentiment, celui de vous tromper.

Sa mauvaise foi est poussée jusqu'au dern[ier]
degré ; il faut des mesures coërcitives pour l[e]
déterminer à l'exécution d'une sentence et mêm[e]
d'engagemens contractés volontairement pa[r]
billets : cela se corrigera sans doute ; mais u[n]
peuple ne perd pas ses habitudes en un jour.

Sous un gouvernement qui vendait tou[t]
jusqu'à la vie des hommes, rien n'était plu[s]
facile que d'acheter le droit de ne pas paye[r]
ses dettes. L'homme riche et l'homme puissan[t]
ne les acquittaient donc jamais ; mais, de leu[r]
côté, le pauvre et le faible cherchaient auss[i]
tous les moyens d'échapper à la loi, et en con[sé-]
séquence, ils ne manquaient jamais d'attend[re]
ou la garnison, ou la saisie, ou la prison pou[r]
satisfaire leurs créanciers.

Il est généralement grossier et brutal. Deu[x]
hommes qui traitent ensemble, ne le font q[ue]
par emportemens et injures. La femme n'e[st]
que l'esclave de son mari ; et le père ne se fa[it]
obéir par son fils, qu'en levant la main s[ur]
lui.

Nul peuple n'a moins de confiance en ses ma[-]
gistrats, lorsqu'ils sont ses concitoyens ; c'[est]
qu'il n'a pu encore se persuader qu'un juge [ne]
fait pas la loi, et qu'il n'en est que l'organe ; c'[est]
qu'ayant vécu si long-temps au milieu des fa[c-]

tions, sous un gouvernement où l'or et la force décidaient de tout, il ne voit encore dans le jugement que prononce un de ces conci-toyens, que des motifs d'intérêts, de faveur ou de vengeance.

Si j'avais uniquement à peindre le Zantiote sujet de Venise, je dirais : sur une population de trente-cinq-mille ames, il se commet dans l'île, une année dans l'autre, cent cinquante assassinats (1); mais pour être juste, il faut le faire voir aussi sous l'influence des lois fran-çaises. Je dirai les choses telles qu'elles ont été avant nous, et telles qu'elles étaient sous notre administration. Je ne le montrerai pas meilleur qu'il n'est, mais je n'accumulerai pas sur sa tête plus de crimes qu'il n'en a commis; je ne grossirai pas les ruisseaux de sang que son aveugle vengeance a trop souvent fait ré-pandre.

Lors de notre arrivée à Zante, le nombre des bannis par jugement de l'ancien gouver-nement s'élevait à plus de cent, et celui des

______

(1) Je prends ici le mot assassinat dans sa plus stricte acception. L'assassinat est l'action par laquelle un homme tente de se défaire d'un autre, par trahison et à force ouverte; et si la mort de l'assassiné n'en est pas toujours la suite, le crime n'en existe pas moins.

procès criminels, encore en instance, à près de
deux-cent; mais de ce grand nombre de con-
damnés et de prévenus, aucun n'était dans
les prisons, une partie vivait tranquillement
dans ses foyers, et l'autre, qui s'était réfugiée
en Morée, soit par l'effet du bannissement,
soit pouréviter les poursuites, profita du changement de gouvernement pour rentrer dans
l'île, et vint y porter de nouveau le désor-
dre.

Le général Gentili, qui commanda le premier dans les possessions du Levant, avait bien
senti que la tranquillité publique y serait sans
cesse menacée, s'il ne se hâtait de prendre des
mesures pour prévenir les vengeances prêtes à
se renouveler. Il invita donc, par une procla-
mation, les ennemis à se réconcilier, en accor-
dant, à ce prix, le pardon aux coupables. Depuis, la municipalité provisoire lui adressa un
projet d'amnistie, auquel elle l'invita fortement
de donner son approbation; mais le général
partit, et la lettre de la municipalité demeura
sans réponse.

Dans cet état de choses, beaucoup de prévenus et de bannis rentraient sur la foi d'une
amnistie qu'ils croyaient approuvée par le gouvernement, et venaient se livrer, sans précau-
tions

tions, aux poursuites de leurs ennemis. Plusieurs languissaient dans les cachots, et vous
demandaient chaque jour la liberté ou la mort.
Les tribunaux enfin avaient les mains liées par
l'attente de l'approbation ou du rejet de ce
projet d'amnistie, sur lequel le général pouvait
avoir consulté le gouvernement.

Puisque rien n'a été statué sur cet important
objet, je m'adresse à vous, législateur philo-
sophe ! j'appelle ici toute votre attention ; et
j'ose vous soumettre quelques réflexions que le
sujet fait naître.

Et d'abord on se demande si l'on doit punir
sous le régime français, des crimes qui, sous
le régime vénitien, étaient plus du gouvernement que des individus. On se demande si un
citoyen n'avait pas le droit de s'armer pour
repousser et venger ses injures, lorsque le gouvernement institué pour veiller à sa sûreté,
protégeait au contraire ouvertement son assassin qu'il eût dû punir ; et le premier sentiment d'humanité fait applaudir au projet d'amnistie.

Cette amnistie pourrait donc être juste ; mais
je ne crois pas qu'elle fût sage. Les haines, il
est vrai, ont paru s'assoupir, durant notre séjour ; mais elles ne sont pas éteintes. J'ai vu

dès fils demander avec fureur vengeance du meurtre de leur père ; des pères la solliciter pour le meurtre de leurs fils : et si, pour les ramener à des sentimens plus modérés, je leur observais qu'il était à croire que le gouvernement prononcerait l'amnistie ; ils me répondaient : « Votre gouvernement en est le maître ; » pour nous, nous ne supporterons pas la vue » des bourreaux de nos familles ; et s'il le faut, » nous nous expatrierons avec elles, plutôt » que d'y jamais consentir ». Les plaies, chez plusieurs, sont donc encore trop récentes ; les passions trop vives, la soif de la vengeance trop brûlante, pour qu'une amnistie sans restriction n'ait pas les suites les plus funestes.

Maintenant, ordonnez - vous la reprise de tous les procès criminels suspendus, et l'exécution rigoureuse des jugemens qui portent peine de bannissement ; jetez les yeux sur les nombreuses listes de prévenus et de coupables bannis en définitif ; qu'y verrez-vous ? quelques misérables : mais tous les assassins en chef, tous leurs sicaires ne sont pas sur ces listes ; ceux-ci avaient acheté le brevet d'impunité. Si vous recherchez les auteurs connus d'assassinats, jusqu'à quelle époque remonterez-vous ? Détruirez-vous des familles entières, qui, chatune, auront à se demander compte de la mort de parens assassinés l'une par l'autre ? Si vous reprenez les procès, je le prédis, vous retombez dans un abyme dont vous ne sortirez jamais.

Quant à moi, je crois voir un moyen propre à vous tenir éloigné des dangers qui peuvent naître également et d'une amnistie entière, et de la reprise des procès ; et ce serait de prononcer, contre ceux qui étaient déjà bannis par l'ancien gouvernement, un bannissement dont la durée serait calculée sur le temps écoulé depuis le délit jusqu'à une époque déterminée ; d'appliquer la même peine aux prévenus de délits majeurs ; enfin d'accorder la grâce aux prévenus d'offenses légères, sauf le recours civil aux parties offensées.

Législateur ! ne rejetez pas ces observations : tournez vos regards vers ces belles contrées, dont la nature a préparé le bonheur, que vos institutions paternelles doivent consolider ! vous ne savez pas que de sang y a coulé sous le poignard des assassins ; de combien de larmes elles ont été arrosées ! Donnez un père à leurs habitans ; ils n'ont jamais été gouvernés que par des bourreaux.

Croyez-vous facile, m'a-t-on demandé plus

d'une fois, de réprimer les assassinats chez ce peuple si long-temps abreuvé de crimes et de sang ? Je réponds que j'en ai la conviction. Et je le demande à mon tour, quel est le but de l'assassinat ? est-ce uniquement de tuer ? Non ; car on n'est pas méchant sans profit : et je n'ai jamais vu commettre un crime inutile. Pourquoi donc assassine-t-on ? C'est ou pour voler, ou pour assouvir sa haine ou sa vengeance. Mais ce n'était pas pour voler que le Zantiote assassinait, car il n'a jamais dépouillé sa victime. C'était donc uniquement, ou par un motif de haine, ou par un motif de vengeance.

Un père tombe assassiné sous les yeux de son fils ; celui-ci demande vengeance, et les chefs de l'état spéculant sur le crime, ne la lui accordent pas ; le pacte entre les chefs de l'état et le citoyen est alors rompu. Celui-ci rentre dans ses droits naturels ; il s'arme du fer que l'autorité seule eût dû saisir pour frapper le coupable, et se fait justice par ses propres mains.

A dieu ne plaise que je me fasse ici l'avocat de ces monstres à face humaine, qui vivent de l'exécrable métier d'assassin ; mais leur existence prouve encore ce que j'ai dit plus haut, qu'on n'assassine pas parce qu'il y a du plaisir à tuer

il en coûte de faire l'office de bourreau ; il y
a des dangers à courir ; et ce que l'autorité
refuse de faire, on le fait faire par des assassins
qu'on paie.

Depuis le mois de messidor de l'an 5, jusqu'au commencement de brumaire de l'an 7, il
n'a pas été commis plus de cinq assassinats
dans l'île ; et combien d'infortunés eussent perdu
la vie pendant cette courte période sous le régime vénitien ! ils la doivent à la république.
Je suis plus convaincu maintenant que jamais,
que ce sont les gouvernemens qui font les
hommes ce qu'ils sont. Les honnêtes citoyens
goûtaient alors le prix de la liberté individuelle :
l'approche de la nuit ne les forçait plus à se
enfermer dans leurs maisons pour éviter les
méprises trop fréquentes des assassins. On n'entendait plus, comme autrefois, dans le silence
des nuits, le son d'une arme meurtrière annon-
cer un nouvel assassinat. Le fils ne tremblait
plus pour les jours de son père ; le père, pour
ceux de son fils. L'agriculteur avait repris sa
charrue ; l'artisan, ses travaux. Le temps des
horreurs était passé pour eux : ils respiraient.
L'assassinat n'était plus en honneur (1), et

____

(1) Avoir assassiné avec quelque bravoure

l'assassin, qui était autrefois respecté, avait cessé de l'être. L'un des derniers fut saisi par un citoyen, qui courut sur lui au bruit de l'arme à feu, et constitué prisonnier aux acclamations du peuple.

L'administration centrale décerna une récompense à ce brave citoyen, et fit proclamer solemnellement son arrêté.

Quelques jours après, un condamné à une peine correctionnelle, s'échappa des mains de la garde : trois jeunes citoyens le saisirent, l'atteignirent et le ramenèrent devant le tribunal.

Quel changement de scène ! et qu'a-t-il donc fallu pour l'opérer ? Il n'a fallu que le vouloir et être juste.

Le Zantiote a de l'amour propre ; il est sensible à la honte ; et ces deux puissans mobiles du cœur humain, mis en jeu par une main habile, contribueront efficacement à opérer une révolution dans ses mœurs.

Mœurs et usages des femmes. Les mœurs des hommes, toujours soumises à la double influence du climat et du gouver-

était réputé, dans le pays, un fait d'armes ; et la jeune fille donnait sa main, par préférence, à celui qui avait acquis cette illustration.

nement, offrent par tout et de peuple à peuple, des nuances, et quelquefois même des traits op- posés; celles des femmes, au contraire, sont les mêmes dans les pays où elles sont tenues séparées des hommes, puisqu'elles n'y vivent que dans l'intérieur de leurs ménages, dont les soins commandent impérieusement à leur sexe les mêmes sentimens et les mêmes inclinations. Les Zantiotes sont, en général, douces et souples, soumises et dissimulées, mais bonnes mères, et leur ame, naturellement portée à la tendresse, se plaît à consoler le malheur et à soulager l'indigence.

A Zante, ainsi que dans tout le Levant, une femme n'existe que pour son mari. Toute société avec un autre homme lui est sévèrement inter- dite. On se marie, sans s'être vu; on ne se connaît pas, on ne se convient pas; on ne peut donc s'aimer qu'un jour. Les hommes vont chercher ailleurs des dédommagemens et s'é- loignent; mais les femmes ont besoin d'aimer, sur-tout de le dire, de s'épancher en caresses, et elles se rapprochent.

On sait que les femmes du Levant ne sortent que couvertes d'un voile. A Zante, ce n'est point sous le voile, mais sous le masque qu'elles se cachent aux yeux des hommes.

C 4

Il est probable que cet usage, particulier à Zante, touche à sa fin. Si le respect pour l'usage oblige une femme à ne point sortir sans son masque, il ne l'oblige pas à en avoir le visage toujours couvert. D'une main, elle tient son éventail, et de l'autre, son masque qu'elle approche ou éloigne à volonté.

J'ai vu une fille charmante baiser avec transport une figure de la liberté, et nous demander quand les Français ordonneraient aux femmes de quitter cet effroyable masque.

On mit en question, dans le concile de Trente, s'il n'était pas convenable de laisser aux prêtres la liberté de se marier. Les vieux opinaient pour l'affirmative, et les jeunes s'y opposaient. Ici la position des femmes est la même, mais dans un sens inverse; et elles ne s'entendront pas sur ce point. Les jeunes ont tout à gagner, en le quittant, et les vieilles ont tout à perdre.

Ce n'est point aux Françaises qu'il faut offrir les Grecques de Zante, comme des modèles de costume; mais puisque les Françaises nouent et tressent leurs cheveux à la manière des Grecques, qu'elles apprennent encore d'elles à faire usage du schaal, et qu'au lieu d'en faire un simple objet de toilette, elles le rendent utile, comme elles, pour les garantir du froid, en s'en enve-

loppant au besoin la tête et le col; leur santé
s'en trouvera mieux, et leurs charmes n'y per-
dront rien.

Il n'est pas facile de saisir le caractère de l'esprit public chez un peuple dont on ne parle
pas la langue. Rien n'empêche, il est vrai, qu'on
ne se mêle dans ses fêtes, et qu'on ne pénètre dans
son intérieur; mais cela ne suffit pas pour l'ob-
servateur; et si l'interprète ne lui transmet pas
le sens précis d'un mot, échappé dans l'ivresse
de la joie ou dans la chaleur de la colère, il
ne peut juger que sur des apparences qui trom-
pent beaucoup plus souvent qu'elles n'instrui-
sent. De l'esprit
public.

Je ne dirai donc pas: l'esprit public était bon,
où était mauvais à Zante, mais je donnerai une
base aux idées du lecteur, en lui traçant le
tableau des variations qu'il a éprouvée, à différentes époques, depuis la connaissance du traité
de Campo-Formio, jusqu'à la fin de l'an six.

La nouvelle de la réunion à la France, des
possessions ci-devant Vénitiennes du Levant y
causa des transports de joie. Les fêtes et les illu-
minations durèrent trois jours; et même il fallut
des ordres du commandant, pour calmer une
ivresse, qui pouvait entrainer des désordres.

L'arrivée d'un commissaire français parut

ensuite convaincre ceux qui pouvaient douter encore, et la promesse d'une organisation conforme aux lois de la république, assura tous les citoyens que cete réunion était réelle.

Un mois était à peine écoulé qu'on répandit tout-à-coup le bruit que nous avions des vues sur le mont-de-piété; qu'on désarmait à Corfou; qu'on y vendait les munitions de guerre; que les îles du Levant étaient cédées à l'empereur d'Allemagne: que son consul en avait là certitude, que la garnison française n'arriverait jamais.

Cependant, la garnison française arrive; elle apporte des munitions de guerre: elle vient mettre la place en état de défense, et ce n'est plus de ne pás voir arriver les Français qu'on se plaint, c'est leur séjour qu'on affecte de faire craindre.

L'administration centrale arrête l'évacuation d'un couvent de religieuses grecques qu'elle destine à un hôpital militaire, et son arrêté est exécuté; mais des malveillans saisissent cette occasion d'inquiéter le peuple sur sa religion, et la possession de ses églises.

Une sentinelle à la porte du mont-de-piété, empêche, par erreur de consigne, un citoyen d'en sortir avec ses effets qu'il venait d'en retirer, et l'on fait circuler , jusqu'aux extrémités de la ville, que nous nous sommes emparés du mont-de-piété , puisque nous n'en laissons plus enlever les effets. On répand, enfin, que nous allons lever des contributions, qui atteindront jusqu'aux plus pauvres des citoyens.

Le peuple reprenait ses armes. On disait tout haut qu'on était prêt à défendre les saints et les églises.

Pour porter à des excès une population, qui tremblait autrefois devant une poignée de soldats de saint-Marc, on lui avait fait entendre que les soldats républicains avaient peur d'elle, et cela, parce que ces soldats se conduisaient avec décence et respect pour les mœurs.

Dans le commencement de ventôse, il s'éleva une rixe assez vive entre des soldats et des Grecs, qui les accusèrent d'avoir tenté de forcer des femmes et de les suivre jusques dans leur chambre. Les Français s'en défendirent, mais quelques-uns d'entr'eux avaient bu, et il était possible qu'ils eussent commis des imprudences qu'un peuple furieux de jalousie, comme l'est celui-ci, ne pardonne jamais.

Le 7 du même mois, la garde se saisit d'un individu qui donnait à jouer , sur la place publique, à un jeu prohibé; elle fut insultée, et le délinquant enlevé de ses mains. Mais elle s'empara d'un autre individu, que des séditieux tentèrent aussi de lui enlever : ils en vinrent aux mains avec des officiers, et plusieurs militaires furent couchés en joue. Cependant cette lutte finit bientôt : la garnison fut sous les armes en un moment ; huit des séditieux furent arrêtés, et le lendemain, embarqués sur un brigantin, pour être conduits à Corfou, et y être traduits devant un conseil militaire.

Peu de jours après, nous apprîmes que les huit prisonniers s'étaient échappés, après avoir assassiné la sentinelle qui les gardait, pendant que le commandant du brigantin avait mis à terre le reste du détachement, et qu'ils s'étaient réfugiés en Morée.

Bientôt le conseil militaire rendit une sentence, qui condamnait à la peine de mort vingt-neuf individus contumaces, coupables ou complices de la révolte du 7, ou de l'assassinat commis à bord du brigantin (1).

____

(1) Loin de moi la pensée de défendre les assassins et leurs complices ; mais je suis effrayé à la lecture d'une sentence qui condamne à la mort vingt neuf individus.

Je n'accuse ni le conseil, ni le rapporteur ; mais

Depuis l'événement du 7, l'ordre ne fut plus troublé ; et nous n'eûmes plus de séditions à craindre. Le Zantiote est insolent, quand il croit qu'on a peur de lui ; il est soumis, dès qu'on le fait trembler. La fermeté des soldats les fit respecter ; et leur excellente conduite les fit chérir, chaque jour, davantage par les habitans (1).

On va sans doute me demander comment un

---

il eût été bon de savoir quels avaient été les témoins ; quel avait été l'interprète, et par qui il avait été présenté.

Cette malheureuse journée du 7 a réveillé les passions les plus noires. J'ai la certitude qu'on fit tout pour impliquer, dans cette affaire, plusieurs citoyens qui n'y avaient eu aucune part.

(1) Ces braves soldats, dignes d'un meilleur sort, gémissent aujourd'hui dans la captivité, à Constantinople.

O Bonaparte ! ton nom a retenti jusque dans les cachots du Bagne. C'est toi qu'ils implorent ; c'est vers toi qu'ils tendent leurs mains chargées d'odieuses chaînes : ils sont tes concitoyens, tes amis, tes compagnons de gloire. Rends à leur patrie des enfans dignes d'elle. O Bonaparte ! les chaînes du Bagne seraient - elles plus difficiles à briser que les portes des cachots d'Olmutz ?

peuple qui avait témoigné tant d'allégresse à la nouvelle de sa réunion à la république, a pu changer si subitement, au point de devenir séditieux sur les bruits les plus absurdement calomnieux.

Je réponds d'abord qu'il ne faut pas croire que le peuple entier de l'île fût devenu séditieux et ait conspiré contre nous. Il y a eu sédition parmi quelques individus habitués à vivre dans le crime ; et rien ne prouve qu'il y ait eu conspiration.

Mais il me paraît constant qu'il y a eu des indiscrétions de commises sur des points qu'il n'y faut traiter qu'avec la plus grande circonspection. Ceux qui m'ont témoigné hautement leur surprise, sur ce que la loi qui prohibe en France les costumes religieux, n'y était pas mise en vigueur ; sur ce qu'on y sonnait encore les cloches, etc. ont pu dire la même chose devant des habitans faciles à alarmer. On a pu montrer quelques prétentions sur les femmes, et il n'en a pas fallu davantage, pour qu'un malveillant, ou même un homme de bonne foi, mais crédule, ait semé des bruits qu'un peuple aussi ignorant qu'il est fanatique, a crus sans examen.

L'un des habitans de la campagne le moins

superstitieux, et le plus patriote que j'aie connu, me disait un jour, en causant confidentiellement avec moi : Que les Français respectent notre religion et notre honneur (il voulait dire nos femmes), et nous les aimerons toujours.

Peut-on calculer jusqu'où pousserait le délire sur ces deux points, un peuple qui baise encore la main de ses papas ; qui ne balance pas entre un sort semblable et faire gras dans le carême (1) ; qui poursuit un homme jusqu'à la mort, parce qu'il a donné un baiser à une fille (2) ; qui porte encore aux parens d'une nouvelle mariée le drap de la première nuit des nôces ?.....

Il y a sans doute à Zante une classe d'hommes éclairés et au-dessus de ces barbares préjugés ; mais ceux qui les ont sont encore en trop grand

____

(1) Un assassin s'était un jour réfugié dans une maison puissante de l'île, afin de se mettre à l'abri des recherches de la justice : le maître de la maison ordonna qu'on lui portât à manger ; mais c'était un jour de carême : on lui présenta de la viande, et il la refusa.

(2) Un baiser, dans la législation vénitienne, à Zante, était poursuivi criminellement.

nombre ; et ce n'est qu'avec le temps et les
lumières qu'on peut espérer de les détruire.

J'ajouterai quelques circonstances qui me
paroissent dignes d'attention, parce qu'elles in-
fluaient puissamment, et sur l'esprit public,
et sur la considération dont nous jouissions
dans ces départemens.

Il y avait plus de six mois que nous étions
en possession des îles du Levant, et les moyens
manquaient encore pour mettre Zante, je ne
dis pas en état de défense, mais seulement à
l'abri d'un coup de main. Au moment où la
garnison française y arriva, il n'y avait pas
un grain de poudre en magasin.

Les habitans de l'île de Cerigo n'avaient pas
vu un Français avant la fin de floréal ; elle était
gardée par des soldats vénitiens ; elle manquait
aussi de poudre, et en demanda plus d'une fois
avec instances.

Il n'y avait d'autre bâtiment public dans le
port de Zante, qu'un brigantin mal armé : aussi
nos barques étaient insultées ; des corsaires
faisaient des insolences jusques dans la rade ;
une frégate anglaise enlevait une polaque cé-
phaloniate, et deux jours après le brick le Mon-
dovi, dans le port de Cerigo ; et tout cela
n'était pas vengé.

Nous

Nous étions sans argent : nos soldats n'é-
taient ni payés, ni habillés ; le peuple cher-
chait, sous des haillons, les vainqueurs de
l'Europe, et ne pouvait se persuader que ces
soldats fissent partie de l'armée de la république.

Nous n'avions rien pu faire qui fût grand et
digne du nom français ; aucun établissement
dont on pût dire : il est de la première année
française, et l'on n'y parlait encore que de nos
emprunts et de nos dettes.

Je vais maintenant dire un mot de la fête de
l'agriculture qui fut célébrée à Zante, le 10
messidor, et j'opposerai au tableau qui précède,
celui de l'allégresse générale qu'elle y inspira.

La nouvelle inopinée de la prise de Malthe
avait produit l'enthousiasme dans les îles. Elle
parvint à Zante peu de jours avant celui de la
fête qui se préparait.

Les lettres du général Bonaparte, qui nous
l'apprenaient, nous promettaient en même temps
de nous instruire de la marche que prendrait
son armée (1).

____

(1) Au quartier-général de Malthe, le 26 prairial an 6.
*Bonaparte, membre de l'institut national, général
en chef, au commissaire du gouvernement près le
département de la Mer-Egée.*

Je vous préviens, citoyen, que le pavillon de

D

Était-elle destinée pour la Morée ? menaçait-elle l'île de Candie ou l'Egypte ? Tous s'épuisaient en conjectures ; mais quelque dût être sa destination, le Zantiote impatient ne voyait, dans toutes les chances possibles, qu'un avantage de plus pour la prospérité de son île, à ajouter à celui que lui assurait la conquête de Malthe.

Il y eut le même soir des feux et une illumination générale. La joie s'épancha et se communiqua dans plus d'un repas civique, et l'on y remarqua, avec intérêt, les plus riches habitans assis à côté des plus pauvres.

Telles étaient les dispositions du peuple de l'île pour la célébration de la fête, attendue

---

la république flotte sur tous les forts de Malthe, et que l'ordre de Saint-Jean de Jérusalem est détruit.

Je vous instruirai incessamment de la direction que prendra l'armée.

Faites connaître aux habitans de votre département ce que nous faisons dans ce moment-ci ; ils en tireront tout l'avantage.

N'oubliez aussi aucun des moyens de le faire connaître aux Grecs de la Morée et des autres

Signé, BONAPARTE.

avec une impatience, qu'on peut, sans exagé-
ration, dire avoir été générale.

Je n'en ferai point ici la description ; je dirai
seulemeut qu'elle fut brillante et du meilleur
goût ; que le concours des habitans de la ville
et de ceux de la campagne ne pouvait être plus
général ; qu'il y régna le plus grand ordre, une
tranquillité parfaite, une union sans exemple,
et qu'enfin elle fut suivie, pendant plusieurs
jours, de repas civiques, comme elle en avait
été précédée.

J'ai tracé fidèlement le tableau des variations
de l'esprit public, à différentes époques, et je
crois en avoir suffisamment indiqué les causes.
Il est toujours évident, pour moi, que le
Zantiote était disposé à aimer la France. Qu'on
ôte seulement d'une population de trente-cinq
mille âmes, quelques chefs de partis, et la
troupe d'assassins à leurs gages, frémissant de
l'ordre qui les muselait, et qu'on se demande
comment les citoyens paisibles, comment les
hommes éclairés, comment les habitans des
campagnes eussent été mécontens d'une forme
d'administration qui maintenait l'ordre, per-
mettait à la pensée de s'élever, récompensait
le travail et encourageait l'industrie (1); com-

____

(1) A la fête de l'agriculture, quatre agriculteurs

D 2

ment la jeunesse, active par-tout, mais brûlante sous ce beau ciel, eût supporté impatiemment cette forme d'administration, qui ouvrait une si belle carrière à sa vive imagination ; comment enfin cette jeunesse eût appris la langue française en moins de temps qu'il n'en eût fallu à un Français pour apprendre à lire la langue grecque ? apprend-on si facilement la langue d'un peuple qu'on hait ?

Cela posé, qu'eût-il fallu pour convertir en attachement durable un sentiment qui était, de la part de ce peuple, une véritable disposition à unir son sort à celui de la France ? ai-je besoin de le dire ? le lecteur attentif l'a déjà vu ; et je n'écris pas pour qui ne sait pas m'entendre.

Langage.

On parle à Zante les langues grecque et italienne : la première est la langue nationale ; la seconde était celle du gouvernement vénitien, et devait conséquemment être aussi celle des courtisans et des hommes occupés des affaires publiques.

Les conquérans qui donnent des lois aux

reçurent chacun, des mains du président de l'administration centrale, une médaille d'argent, analogue à l'objet de la fête.

peuples qu'ils ont subjugués, ne peuvent les contraindre à recevoir leur langage ; et si la soif des faveurs et les relations d'affaires y soumettent ceux qui les approchent, la masse du peuple, qui ne leur demande rien, s'y refuse par un double sentiment d'amour propre patriotique et de haine pour le dominateur ; mais la langue nationale, abandonnée alors à l'ignorance, n'a plus de règle et finit par dégénérer.

Tel a été le sort de la langue grecque : il n'y a plus ni principes d'orthographe, ni convenances dans le discours. Chacun la parle et l'écrit à sa manière. Plusieurs terminaisons différentes se confondent dans le même son. Les diphtongues ne s'articulent plus. Plusieurs temps des verbes se sont perdus ; beaucoup de mots en ont disparu ; d'autres se sont corrompus, et quelques-uns s'y sont introduits.

Elle a perdu l'usage du pronom possessif. Un mot qui, chez les anciens Grecs, exprimait l'action de chérir, d'aimer, et par extension, celle de baiser ; ce mot, chez les Grecs modernes, n'a retenu que la dernière signification. D'où cela vient-il ? cette perte, cette corruption de mots seroit-elle un effet du hasard ? non, c'est que le peuple qui la parle est le plus esclave de tous les peuples ; c'est qu'il a perdu cette délicatesse de sentiment qui fait le charme de la vie.

J'ai indiqué les pertes qu'a essuyées la langue grecque ; il faut chercher si nous retrouverons dans ce qui lui reste, la langue qu'a parlée Démosthènes.

Les caractères de l'écriture et de l'imprimerie, sont les mêmes dans le grec vulgaire et le grec littéral. Les accents et les esprits, qui sont l'ame de cette langue, toujours chantée, ne sont point altérés (1). Les articles sont les mêmes. Les terminaisons de la plus grande partie des substantifs n'ont pas changé. Les verbes, à quelques exceptions près, se conjuguent de même. Les mots qui expriment les choses naturelles, celles qui sont de tous les temps et de tous les lieux, sont les mêmes, et dans presque tous, on retrouve facilement leurs racines.

La langue grecque vulgaire s'exprime toujours vivement et par images. Les grecs, du quartier du Fanal, à Constantinople, la parlent encore

---

(1) Je fis voir, un jour, à un littérateur distingué de Zante, un très-bel Epictète de Bodoni. Il y manque quelque chose, me dit-il en le remettant; il n'y a ni accents ni esprits : c'est un air sans accompagnement.

vec élégance ; et quelques insulaires l'ont con-
servée presque sans mélange.

Combien de langages divers ont été, jusqu'à
ce jour, anéantis dans les bouleversemens suc-
cessifs des nations ! La langue grecque est toujours la langue des anciens Grecs, et vivra;
maintenant, autant que le monde.

Je vais plus loin, et, ceci n'est pas un para-
doxe, elle peut se rapprocher un jour de son
ancien éclat. Qu'une révolution rende à la Grèce
son indépendance ! Alors, les affaires publiques
reproduiront des orateurs ; la philosophie, des
écrivains ; la liberté, des poëtes ; et la langue
sera encore une fois fixée.

L'île de Cérigo est située à l'extrémité méri-
dionale de la Morée, dont elle n'est séparée que
par un trajet de 16 kilomètres ; elle est à 6 myriamètres et demi de Candie, à 30 de Zante,
et à 50 de Corfou.

Elle a 5 kilomètres de circuit, un bon port,
et une citadelle à demi-ruinée.

Son sol n'est presque par-tout qu'un roc nud.
Elle ne produit de blé, d'huile et de vin, que ce
qui est nécessaire à la consommation de ses habitans.

Sa population, sur une superficie de 7 myriamètres et demi quarrés, à peu près, ne va pas

au-delà de sept mille cent ames ; ce qui n'est que le cinquième de celle de l'île de Zante, dont la superficie est la même.

Elle ne fait aucun commerce ; et ses revenus, qui se forment presque uniquement de rentes et cens sur les grains, les vignes, les oliviers, les jardins es les arbres fruitiers, montent à peine à 20,000 francs.

J'ai dit plus haut qu'un voyageur anglais regardait comme un prodige, qu'il existât encore une propriété à Zante : mais c'est à Cérigo qu'il n'en existait réellement pas sous le régime vénitien. S'il arrivait qu'un habitant laissât ses terres sans culture pendant deux années sur cinq, il en étoit dépossédé, et les terres demeurées incultes étaient concédées en partie au dénonciateur qui prouvait l'inculture ; l'autre partie devenait le profit du fisc.

La religion et le langage sont les mêmes à Cerigo qu'à Zante.

Le peu de relations qu'ont ses habitans avec les étrangers, font qu'ils sont généralement bons et de mœurs simples ; mais la même cause fait aussi qu'ils sont plus ignorans que dans aucune des îles ci-devant vénitiennes du Levant.

La république de Venise était en possession de cette île, depuis la division de l'empire grec, et comme elle connaissait l'avantage de sa position

tion pour son commerce avec le Levant, elle avoit toujours eu soin de la tenir en garde contre la jalousie de la Porte, sa rivale.

L'île de Cérigotto est située à cinq myria-mètres de celle de Cérigo, dont elle est dépen-dante. C'est par le traité de Passarowitz, qu'elle a été cédée à la république de Venise par la Porte; et alors elle n'était pas habitée. C'est de-puis une vingtaine d'années, seulement, que quelques familles sfachioltes (1) vinrent s'y établir avec le consentement des Vénitiens.

Ces nouveaux Colons ont continué d'entrete-nir des relations avec les habitans de Cérigo.

On y compte une centaine de familles. Elle est fertile, et couverte d'oliviers sauvages. Il y a des plaines, des eaux douces et quelques mouil-lages, que les navigateurs préfèrent à ceux de Cérigo.

Les îles Strophades, à 8 myriamètres au sud-est de Zante, ne sont habitées que par quelques moines grecs. Elles sont au nombre de deux, voisines et fort basses. La plus étendue n'a pas 5 kilomètres de circuit. Il y a des vignes, des pâturages et des eaux douces.

On voit, par ce qui a été dit sur le départe-

Isle de Cé-
rigotto.

Isle des
Strophades

Conclusion

-----

(1) De Sfachia, ville de l'île de Candie.

E

ment de la Mer-Egée, qu'il se réduit, en réalité, aux deux seules iles de Zante et de Cérigo, puisque Cérigotto n'est habitée que par un petit nombre de familles, et que les Strophades ne le sont que par quelques moines.

L'île de Zante mérite l'attention par sa population, son industrie, sa culture, ses productions, son commerce, et sur-tout par sa position, singulièrement propre à favoriser celui de la France et de l'Italie avec le Levant.

Celle de Cérigo, dont la position est plus avantageuse, mais qui n'a ni productions, ni industrie, ni commerce, ne sera probablement jamais qu'une relâche forcée pour les navigateurs.

Je n'ai mêlé à cet écrit aucunes considérations politiques ou commerciales, parce que je savais qu'un homme déjà connu du public par des mémoires utiles, et qui a fait un assez long séjour en Turquie, préparait sur la politique et le commerce du Levant un ouvrage étendu dans lequel l'ile de Zante occupera, sans doute, une place.

J'aurais pu encore le grossir de la description de l'île de Corfou, où j'ai fait un séjour de plus de deux mois; j'aurais pu donner quelques détails sur celles de Leucade, d'Ithaque et de

Céphalonie ; où j'ai relâché dans différens voyages. Mais, en écrivant, j'avais un objet de plus : je voulais parler des hommes, et, pour les peindre fidèlement, il faut les bien connaître ; ce qui n'est pas l'affaire d'un jour. Dire ce qu'on sait, lorsqu'on croit pouvoir être utile, est un devoir ; et c'est sagesse que se taire sur les choses qu'on ne sait qu'à demi.